AF312912

PUBLICATION DE LA RÉUNION DES OFFICIERS

MÉLANGES MILITAIRES
(3e SÉRIE)
LX

INSTRUCTION

SUR LE

JEU DE LA GUERRE

DU CAPITAINE MECKEL

Traduit de l'Allemand

PAR M. EPSTEIN

PARIS
CH. TANERA, ÉDITEUR
LIBRAIRIE POUR L'ART MILITAIRE ET LES SCIENCES
Rue de Savoie, 6

1875

LE JEU DE LA GUERRE

DU

CAPITAINE MECKEL

PUBLICATION DE LA RÉUNION DES OFFICIERS

INSTRUCTION

SUR LE

JEU DE LA GUERRE

CAPITAINE MECKEL

Traduit de l'Allemand

PAR M. EPSTEIN

PARIS

CH. TANERA, ÉDITEUR

LIBRAIRIE POUR L'ART MILITAIRE ET LES SCIENCES

Rue de Savoie, 6

1875

LE JEU DE LA GUERRE

DU

CAPITAINE MECKEL

L'auteur de cette brochure a déjà publié en 1873 une première étude (1) dans laquelle il démontrait la nécessité de
perfectionner la méthode du Jeu de la guerre allemand. Les
principes exposés dans cette étude furent approuvés par des
officiers supérieurs de l'armée prussienne, et notamment
par le colonel Verdy du Vernois, qui renonça à l'intention,
manifestée dans le troisième fascicule de ses *Études sur l'art
de conduire les troupes*, d'élaborer lui-même un nouveau
traité du Jeu de la guerre, et pria M. Meckel de se charger
de ce travail. La brochure dont nous rendons compte en
forme la première partie et contient les règles du jeu ; la
seconde partie se composera d'exemples.

Le Jeu de la guerre allemand, imaginé au commencement
de ce siècle par M. de Reisswitz, qui n'appartenait pas à
l'armée, a été doté par son inventeur d'un ensemble très-
compliqué de règles ne répondant que fort imparfaitement à
celles de la tactique et ne laissant à l'initiative du directeur,
des arbitres et des joueurs qu'une liberté d'action très-res-
treinte. Les perfectionnements introduits dans les règles pri-
mitives par le lieutenant de Reisswitz, fils de l'inventeur, et

---

(1) *Studien über das Kriegsspiel.* — Berlin, Mittler et fils.

même les recommandations et l'appui du commandement, ne réussirent pas à vulgariser le Jeu de la guerre, qui eut pendant longtemps, en Allemagne, plus d'adversaires que de partisans. C'est aux circonstances exceptionnellement favorables de ces derniers temps qu'il a dû sa propagation rapide dans tous les régiments de l'armée allemande; mais ce résultat n'a pu être obtenu, dans la plupart des cas, qu'en renonçant à la stricte application des règles du jeu, qui ne répondent pas à leur but.

Les nouvelles règles proposées par M. Meckel doivent combler ces lacunes. L'auteur divise le Jeu de la guerre en *Jeu tactique* et *Jeu stratégique*, et le Jeu tactique en *Jeu de détachements* et *Grand jeu de la guerre*. Ses règles pour le Jeu de détachements ne diffèrent pas essentiellement de celles qui ont été adoptées dans le *Jeu de la guerre* publié en France par la Réunion des officiers; celles qu'il pose pour le Grand jeu tactique et pour le Jeu stratégique offrent un plus grand intérêt de nouveauté. Le Jeu de la guerre français contient, il est vrai, des indications générales, où se trouvent compris implicitement les points essentiels de la méthode développée par M. Meckel; mais celle-ci a l'avantage d'être un exposé complet des règles à suivre pour chacune des trois espèces de jeux; elle contient de plus des observations dignes d'attention sur les moyens les plus propres à vulgariser cet exercice dans les corps d'officiers.

JEU DE LA GUERRE DE DÉTACHEMENTS. — Dans ce jeu, les parties sont engagées entre des effectifs restreints, dans le but de représenter tous les détails de l'emploi tactique des troupes. M. Meckel remplace les cartes du *terrain* à l'échelle de 1/8000, usitées en Allemagne et qui ne sont pas assez détaillées, par des cartes à l'échelle de 1/6250. Les cartes du jeu français, à l'échelle de 1/5000, lui paraissent donner une trop grande étendue au champ d'opération, même lorsqu'on opère sur de faibles détachements. Les cartes d'ensemble sont à l'échelle de 1/25000 et de 1/50000, comme dans le jeu français.

Le nombre des *pièces* servant à représenter les différentes unités tactiques et leurs fractions est plus grand que dans notre jeu ; il permet de représenter non-seulement les formations en colonne de marche et en bataille, mais aussi les autres formations de combat, et de figurer très-exactement tous les détails de l'action des troupes. Ainsi qu'on le verra plus loin, il y a une série spéciale de *pièces* pour chacune des trois espèces de jeux.

M. Meckel fixe la durée d'un *temps* à deux minutes et demie ; elle est de deux minutes dans le jeu français.

Parmi les *accessoires* qu'il emploie, nous remarquons un compas-rapporteur en laiton d'une forme particulière, qui permet de mesurer avec facilité les distances parcourues pendant un *temps* ou un *demi-temps*, au pas, au trot et au galop. Des petites flèches en métal, de deux grandeurs, qu'on place contre les *pièces* représentant les troupes en marche, servent à indiquer l'allure et la direction de leur mouvement. Les flèches du plus petit modèle indiquent la marche au pas ; les grandes flèches la marche au trot ; deux grandes flèches juxtaposées la marche au galop. La longueur de ces flèches correspond aux distances parcourues à l'échelle des cartes, ce qui dispense de l'emploi des échelles ou du compas.

Relativement aux décisions remises au sort par les arbitres, l'auteur est d'avis que l'usage des *dés* doit être aussi limité que possible lorsque les arbitres possèdent des connaissances et un jugement tactiques qui leur assurent une autorité morale suffisante sur les joueurs. Pour que la partie soit sérieusement instructive, il faut que les fautes commises produisent toutes leurs conséquences et que la succession logique des événements ne soit pas contrariée par l'intervention du hasard. Sans nier l'influence de l'imprévu dans les combats, on doit admettre que le succès appartiendra généralement à celui qui aura su s'en assurer la probabilité par des mesures sagement prises. Or le hasard peut faire réussir une manœuvre mauvaise en elle-même, une entreprise par trop téméraire ; l'auteur admet bien qu'on favorise la bravoure, même dans les exercices faits en temps de paix, mais il croit qu'on ne doit pas encourager chez les officiers la tendance qu'ils pourraient avoir à risquer les troupes d'une manière inconsidérée.

L'usage des *dés* ne serait donc d'une nécessité absolue que lorsque les arbitres n'ont pas le degré voulu d'expérience et d'autorité.

Les *tableaux* que M. Meckel préconise pour atténuer les anomalies du hasard sont analogues à ceux du jeu français ; mais ils sont plus compliqués et peut-être plus complets. Son *tableau des champs de probabilité* permet onze combinaisons ou gradations de chance pour les décisions remises au sort par les arbitres. Le jeu français n'en comporte que six, mais on peut en augmenter le nombre sans rien changer à la confection matérielle de notre tableau ; il suffira d'admettre que *les cases bleues* peuvent être, suivant la décision des arbitres *favorables* ou *défavorables au parti le plus fort*, et l'on obtiendra ainsi les onze champs de probabilité proposés par M. Meckel. Cependant il y a peut-être lieu de se demander si cette complication est compensée par des avantages bien réels?

Les causes multiples qui influent sur l'efficacité des feux ont conduit l'auteur à dresser pour les feux d'infanterie et d'artillerie des tableaux plus détaillés que ceux que nous employons. Ces tableaux admettent *cinq gradations* dans l'effet produit par les feux : effet minimum, effet mauvais, effet moyen, bon effet, effet maximum.

Le *tableau des feux d'infanterie* donne les pertes infligées à l'ennemi par un peloton pendant un *temps* (de deux minutes et demie), pour les distances de 100 mètres en 100 mètres jusqu'à 1,000 mètres, et cela pour chacun des cinq degrés d'efficacité, dont le choix est laissé aux arbitres. En outre, le tableau donne directement les pertes infligées, suivant que le feu est dirigé sur *l'infanterie en tirailleurs,* sur *l'infanterie en ordre serré,* sur *la cavalerie* ou sur *l'artillerie.* Par contre, les unités du tableau ne représentent pas le nombre d'hommes mis hors de combat : soixante de ces unités équivalent à un peloton d'infanterie, ou à un escadron de cavalerie, ou à une section de deux pièces d'artillerie.

Le *tableau des feux d'artillerie* donne les pertes infligées par une section de deux pièces, pendant un temps de deux minutes et demie, suivant qu'elle tire :

à mitraille pour distances jusqu'à   500 mètres et au delà;
à obus à balles   —   —   1800   —   —
à obus ordinaires —   —   3000   —   —

et cela pour *chacun des cinq degrés d'efficacité* et suivant la nature du but, c'est-à-dire suivant que le feu est dirigé sur *l'infanterie en tirailleurs* ou en *ordre serré,* sur *la cavalerie* ou sur *l'artillerie.*

Comparativement aux tableaux du jeu français, il y a là comme on voit, une simplification dans l'usage des tableaux et une complication pour les arbitres dans le choix de l'un des cinq degrés d'efficacité des feux. Cette complication est peut-être plus apparente que réelle; en tout cas, elle ne satisfait pas l'esprit méticuleux de M. Meckel, auquel ces cinq gradations ne suffisent pas et qui donne le moyen de porter leur nombre à quinze. On est en droit de se demander si les arbitres, mis en demeure de choisir entre *quinze* degrés d'efficacité des feux, n'éprouveront pas quelque indécision et quelque embarras.

En parlant de *l'organisation de la partie*, l'auteur admet que la composition du *thème* général soit faite par le directeur du jeu lorsque la situation de celui-ci vis-à-vis des joueurs est celle d'un professeur envers ses élèves, et que la partie a un but d'instruction défini. Dans le cas contraire, il conseille de charger de ce soin les officiers qui assistent au jeu, pour les exercer à tour de rôle à formuler des problèmes tactiques et pour éviter que les décisions arbitrales soient soupçonnées de subir l'influence d'une idée préconçue.

Les thèmes doivent être posés de manière à donner lieu à des situations de combat aussi variées que possible; on évitera seulement les combats de nuit, qui ne peuvent être rendus fidèlement dans le Jeu de la guerre. Aussi, si des engagements de nuit imprévus venaient à se produire dans le courant d'une partie, les arbitres décideront de leur résultat en faisant naître des circonstances qui rattachent les événements de la nuit à une action devant avoir lieu dans la journée du lendemain.

L'effectif des troupes mises en ligne dépend de la manière plus ou moins détaillée dont on veut représenter leurs opérations. Avec des détachements d'un à deux bataillons d'infanterie, pourvus de la cavalerie et de l'artillerie correspondantes, on pourra détailler le combat très-minutieusement. M. Meckel avoue néanmoins que si l'on se sert de ses tableaux pour évaluer l'effet des feux, les détachements ne devront pas dépasser l'effectif correspondant à un bataillon d'infanterie. Les lenteurs dues à la complication des tableaux de M. Meckel nous paraissent être constatées ici par l'auteur lui-même. Ajoutons d'ailleurs qu'il ne considère pas l'usage de ces tableaux comme indispensable, pourvu que les arbitres aient l'expérience et l'autorité voulues.

En tout cas, le Jeu de détachements ne permet pas de porter l'effectif de l'infanterie au delà d'un régiment, sauf à lui adjoindre une proportion relativement plus forte de cavalerie et d'artillerie, qui engendrent moins de lenteurs dans le jeu que l'infanterie.

La durée d'une partie ne doit pas dépasser deux heures et demie si l'on veut procéder sans fatigue à une discussion instructive à la fin de la séance.

GRAND JEU TACTIQUE. — Les cartes du terrain sont à l'échelle de 1/12500, et le *temps* correspond à une durée de cinq minutes.

L'effectif le mieux approprié à ce genre de jeu est *la division*.

Les *pièces* permettent de représenter :

1° Pour l'infanterie : les patrouilles, pelotons, compagnies, bataillons, régiments et brigades ;

2° Pour la cavalerie : les flanqueurs, patrouilles, escadrons et deux escadrons ;

3° Pour l'artillerie : une batterie et trois batteries.

Le Grand Jeu tactique ayant pour but de représenter l'ensemble d'une bataille, l'emploi tactique des troupes n'y sera figuré qu'à grands traits et non dans tous ses détails. Les décisions des arbitres porteront sur les différentes phases ou périodes de la bataille, sur des combats partiels ; mais elles ne s'arrêteront pas aux détails de l'action de chaque unité tactique.

JEU STRATÉGIQUE. — Les cartes du terrain sont celles de l'état-major allemand, à l'échelle de 1/100000.

Les *pièces* permettent de représenter :

1° Pour l'infanterie : les patrouilles, les petits détachements de quelques compagnies, le régiment ou un détachement mixte d'une valeur correspondante, la brigade, la brigade indépendante pourvue de cavalerie et d'artillerie, la division, la division indépendante pourvue de cavalerie et d'artillerie et de son train d'équipages;

2° Pour la cavalerie : les patrouilles, l'escadron, le régiment, la brigade, la brigade pourvue de son artillerie, la division;

3° Pour l'artillerie : l'artillerie d'un corps d'armée.

Le Jeu stratégique ayant pour but d'exercer les joueurs dans l'art de diriger les masses sur les théâtres d'opération, les combats proprement dits ne seront examinés que sous le rapport de l'influence qu'ils peuvent avoir sur les situations stratégiques ultérieures.

Les commandants des corps de troupes auront à remplir ici des fonctions semblables à celles qui incombent pendant la guerre aux officiers de l'état-major général. Les dispositions et les ordres pour les combats, les marches, les campements, les avant-postes, les travaux de fortification, la concentration et le déploiement des armées, l'organisation du service des étapes, des chemins de fer, des télégraphes, les reconnaissances, etc., peuvent fournir l'objet des *thèmes*. Ces sortes de travaux devront être préparés d'avance et par écrit par les officiers qui prennent part au jeu. Dans le Jeu stratégique, les partis ne se réunissent que pour soumettre leurs travaux au directeur et aux arbitres, pour apprendre d'eux celles des dispositions prises par l'ennemi que l'on juge opportun de leur communiquer, pour connaître le résultat des combats éventuels, pour modifier les ordres donnés ou en donner de nouveaux, en un mot, pour faire avancer les opérations de manière à pouvoir aborder une nouvelle série de travaux écrits. On arrive ainsi à représenter les principaux traits d'un épisode de campagne pouvant fournir matière à plusieurs réunions et à une suite de travaux écrits.

Les réunions des deux partis peuvent avoir lieu simultanément, mais elles ne sont pas communes; chaque parti tient séance dans un local séparé, communiquant avec le cabinet du directeur. Celui-ci peut réunir les commandants en chef des deux camps devant une carte commune pendant une bataille; dans le cas d'une action importante et décisive, tous les joueurs pourront être réunis si le directeur le trouve opportun.

Les divisions d'infanterie et de cavalerie étant les corps d'opération les plus indépendants dans la guerre actuelle, M. Meckel recommande de subordonner l'effectif des armées au nombre de joueurs disponibles, de telle sorte qu'il soit pourvu à chaque commandement, jusques et y compris les commandements de division; il convient, en outre, de réserver quelques joueurs pour le commandement du service des étapes et des détachements nouveaux qu'il peut être nécessaire de former dans le courant de la partie.

L'auteur conseille de distribuer les divers commandements en tenant compte du grade et même de l'ancienneté des joueurs, pour faciliter au commandant en chef l'appréciation critique des travaux de ses sous-ordres au commencement de chaque séance.

Chaque parti a un arbitre pour seconder le directeur du jeu. Lorsque la partie a de vastes proportions, un chef d'état-major général est adjoint au commandant en chef de chaque camp.

Les travaux écrits sont adressés quelques jours avant la séance au chef d'état-major général, qui les transmet au commandant en chef, et celui-ci les fait parvenir à l'arbitre de son parti. Les deux arbitres en confèrent avec le directeur, annotent les manuscrits et les retournent respectivement aux chefs d'état-major général. Après les réunions, ces travaux sont coordonnés et brochés pour être conservés. Ils formeront à la longue un ensemble de documents précieux, tant pour l'appréciation des personnalités qui les auront élaborés que pour les études sur la conduite des troupes en général.

Lorsqu'il s'agira d'opérations très-étendues, une seule carte générale ne suffira pas à chaque parti; chaque commandant divisionnaire devra avoir les cartes d'ensemble et les cartes d'état-major nécessaires. La carte commune servira néanmoins pour y marquer, à l'aide des *pièces*, les positions occupées par les troupes du parti, ainsi que *celles* des troupes ennemies *dont on aura connaissance* par les communications de l'arbitre.

Le directeur et les arbitres peuvent communiquer avec les deux camps par écrit ou, ce qui est préférable, verbalement.

Les décisions des arbitres portent, en général, sur les mêmes circonstances que dans le jeu tactique; mais au jeu stratégique, leurs fonctions, les plus importantes et les plus délicates, consistent à donner aux partis des renseignements sur l'ennemi. En effet, le succès des opérations de guerre dépend, en grande partie, des renseignements plus ou moins complets et exacts qu'on a su se procurer sur la situation, les forces et les projets de l'ennemi; l'expérience prouve que les renseignements contradictoires, les fausses nouvelles jettent souvent de l'incertitude sur les points qu'il importe de connaître. Cette incertitude doit se traduire d'une manière analogue dans le Jeu de la guerre, et les arbitres devront s'inspirer de ce principe en donnant des nouvelles de l'ennemi. D'un autre côté, ils devront tenir compte des mesures prises par chaque parti pour obtenir des renseignements et les contrôler, et ils proportionneront les renseignements qu'ils donnent à l'efficacité que ces me-

sures peuvent avoir. L'expérience acquise dans les grands
états-majors et une certaine vivacité d'imagination sont indispensables aux arbitres pour reproduire au jeu une image
fidèle de ce qui se passe à la guerre, et pour garder une
juste mesure dans les renseignements sur l'ennemi.

Les décisions des arbitres relatives aux combats porteront
sur les dispositions stratégiques et sur tout ce qui peut in-
fluer sur les opérations ultérieures; les détails purement
tactiques ne seront pas approfondis. Elles détermineront la
durée et le résultat des engagements, la situation des
partis après la bataille, les conditions dans lesquelles s'opé-
rera la retraite du vaincu, les poursuites, etc., tout en laissant aux commandants la liberté d'engager ou d'éviter la
bataille, de l'interrompre ou de la poursuivre, dans les
limites de la possibilité réelle. Voici d'ailleurs la marche
que M. Meckel recommande de suivre pour les décisions à
prendre sur les combats : chaque parti étant renseigné sur
l'ennemi par son arbitre, celui-ci est informé à son tour des
projets du commandant en chef et renseigné sur les troupes
qui vont être engagées. Après s'être entendu avec l'arbitre
des adversaires, sous la présidence du directeur, l'arbitre
expose ensuite successivement à son parti les différentes
phases du combat; il provoque ainsi, après chaque commu-
nication, de nouveaux ordres de la part du commandant et
continue ainsi jusqu'à la fin ou jusqu'à l'interruption de la
bataille. Il dépeint ensuite la situation des deux partis, dé-
cide de la possibilité de poursuivre ou de couvrir la retraite
et apprécie les conséquences des faits sur les opérations
subséquentes. On aura soin de ne faire connaître à chaque
parti que les résultats qu'il ne pourrait ignorer en vertu de
la marche même des événements, et de lui taire ceux qui
n'en découlent pas d'une manière évidente pour lui.

Les décisions peuvent être basées, suivant les cas, sur la

simple appréciation des arbitres et du directeur ou amenées au moyen de dés, avec un champ de probabilité choisi par eux.

Lorsqu'il s'agit d'une grande bataille ou d'une journée où plusieurs combats se succèdent, on divise l'action en *temps* d'une demi-heure à une heure, et l'on résume la situation respective des partis à l'issue de chaque *temps*.

En terminant l'exposé des règles du Jeu de la guerre, M. Meckel insiste sur la difficulté des fonctions de directeur du jeu, qui exigent une expérience et une connaissance approfondies des choses de la guerre, de l'habileté et de la prudence. Toutes ces qualités lui semblent d'autant plus désirables que celui qui remplit ces fonctions est moins soutenu par la supériorité de son grade ou par son autorité morale. Il croit néanmoins que tout officier ayant acquis des vues justes sur la guerre et les combats peut faire un bon directeur, pourvu qu'il possède ces deux qualités indispensables : un grand tact militaire et le degré d'imagination nécessaire pour reproduire au jeu l'image vivante et vraie de la guerre réelle. Il ne suffit nullement que ses décisions soient promptes et impartiales, exactes et justes; il doit voir les événements dans l'espace et être en état de les décrire tels qu'ils se passeraient en réalité. C'est à lui qu'il appartient de transformer aux yeux des joueurs la carte en un terrain véritable, de faire vivre et agir les pièces qui représentent les troupes; en un mot, de donner au jeu une vraisemblance, une réalité telle que les joueurs y prennent autant d'intérêt qu'à un combat véritable.

PROPAGATION DU JEU DE LA GUERRE DANS LES CORPS D'OFFICIERS

M. Meckel considère le Jeu de la guerre comme le moyen

le plus efficace de parfaire l'éducation militaire des officiers de troupe. Il consacre donc à l'organisation du jeu dans les régiments un chapitre spécial que nous résumons ici, en laissant au lecteur le soin d'apprécier dans quelle mesure ces observations pourraient nous être utiles.

Le Jeu de la guerre est appelé, selon l'auteur, à devenir un des moyens réglementaires d'instruction pour les officiers; il a déjà droit de cité dans presque tous les régiments de l'armée allemande, et notamment dans l'artillerie, où il est considéré comme un exercice en quelque sorte indispensable. Ce n'est pas à dire que l'on doive en faire un tour obligatoire de service; il suffit que l'initiative des chefs de corps s'attache à éveiller l'intérêt que tout officier doit trouver au Jeu de la guerre dès qu'il en aura apprécié les avantages. Les officiers qui ne sont pas initiés à ce jeu craignent parfois de l'aborder par manque de confiance en eux-mêmes, pour ne pas s'exposer à commettre quelque faute ou quelque maladresse; les chefs doivent les aider à surmonter ces questions d'amour-propre. Si le directeur sait rendre le jeu intéressant, éviter les lenteurs et la fatigue, et remplir son mandat avec équité et sans décourager personne, le Jeu de la guerre se répandra rapidement, sans qu'il soit nécessaire de l'imposer.

Le directeur doit éviter avec soin de donner au jeu le caractère ennuyeux d'un examen ou d'une interrogation. Il ne sacrifiera rien de ses appréciations sur les fautes commises, mais il les critiquera avec mesure, avec tact, et plutôt en camarade que comme supérieur.

Si le chef de corps n'assiste à la partie qu'en simple spectateur, sa seule présence sera un encouragement pour les officiers; elle aura une grande utilité si l'officier supérieur expérimenté exprime, à la fin de la séance, son opinion motivée sur les décisions et les critiques des arbitres.

Le Jeu de la guerre offre d'ailleurs aux chefs de corps un des meilleurs moyens d'apprécier et de connaître à fond les officiers qu'ils ont sous leurs ordres.

M. Meckel recommande de consacrer une soirée par semaine au Jeu de la guerre péndant la saison d'hiver, et de confier l'organisation du jeu dans chaque régiment à une commission, présidée par le colonel; dans les corps détachés, le jeu serait organisé par le commandant.

Le *Jeu de détachements* est celui qui sera le plus utile et le mieux approprié aux réunions des officiers d'un régiment. Le *Grand Jeu tactique* s'y joindra de temps-à-autre pour les officiers plus anciens. Le *Jeu stratégique* est plus spécialement destiné aux officiers d'état-major et aux officiers supérieurs.